LE
THÉATRE AUJOURD'HUI

PAR

AUGUSTE MURIEL

Rédacteur en chef de la *Presse théâtrale.*

—

L'AUTEUR

LE DIRECTEUR, LE CRITIQUE

L'ACTEUR, L'ACTRICE

LE PUBLIC

—

Prix : 1 franc.

—

PARIS

MICHEL LÉVY FRÈRES, ÉDITEURS

2 bis, rue Vivienne.

1855

LE THÉATRE AUJOURD'HUI.

(1)

Imprimerie de Cosson, rue du Four-St-Germain, 43.

LE
THÉATRE AUJOURD'HUI

PAR

AUGUSTE MURIEL

Rédacteur en chef de la *Presse théâtrale.*

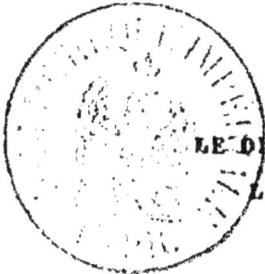

—

L'AUTEUR
LE DIRECTEUR, LE CRITIQUE
L'ACTEUR, L'ACTRICE
LE PUBLIC

—

Prix : 1 franc.

PARIS
MICHEL LÉVY FRÈRES, ÉDITEURS
2 bis, rue Vivienne.
1855

AVANT-PROPOS.

—

Nous sommes arrivés à un moment où la littérature va mettre des cordes neuves à son arc. Les
époques de décadence et d'engourdissement dans
l'art ont toujours été le signe d'une régénération ;
c'est un trait d'union entre le bien du passé et le
mieux de l'avenir ; après un calme plat comme celui par lequel nous venons de passer, arrive une
sorte d'effervescence littéraire qui est le travail de
l'enfantement. Ce déluge de petits journaux, cette

1

grêle d'auteurs, ce besoin général de critiques, tout cela présage la fin de notre sommeil léthargique, nous l'espérons tous, nous y croyons, la foi existe aujourd'hui, nous sommes sauvés.

Et, suivant notre conviction, nous sommes si près de la renaissance, qu'il peut être utile à l'histoire de peindre l'époque de nullité dans laquelle nous pataugeons depuis longues années ; or, comme de tout ce qui devrait témoigner le plus de vitalité, le théâtre est ce qu'il y a de plus endormi, il se réveillera le premier ; photographions-le dans l'état où il se trouve aujourd'hui pour qu'il serve plus tard d'exemple à éviter.

Et d'abord, à qui incombe la responsabilité de cette dégradation artistique ?

Aux directeurs, aux artistes, aux auteurs ou au public ? Mon Dieu, chacun peut dire son *meâ culpâ;* chacun en ce qui le concerne a tout fait pour se tenir au niveau de ce *monde camelotte* qui marche aujourd'hui à la tête de la société ;... mœurs *camelottes,...* pièces, direction et artistes, au goût du jour !

Maintenant, disons-le pour rendre hommage à la vérité, le public a le premier influé sur le genre au théâtre ; c'est lui qui consacre les succès, c'est lui qui donne son goût, c'est donc lui qui est le premier auteur des *Filles de marbre* et autres scandales. Il est vrai que le talent a le pouvoir de s'imposer et que si nos auteurs modernes avaient trouvé en eux assez de force morale et littéraire pour se faire écouter, ils auraient formé le goût du public au lieu de se pervertir avec lui en le servant dans ses débauches.

Ce à quoi les auteurs répondent : Que n'ayant pas d'artistes pour les inspirer, sachant que leurs œuvres ne seront jamais interprétées avec le soin qu'ils mettraient à les composer, mieux vaut tirer de l'art ce qu'on en tire aujourd'hui : un peu d'argent, ce qui donne assez de gloire.

Que répondra l'artiste? Oh! sa défense est facile; comment voulez-vous qu'il étudie, et pourquoi faire? Où sont les pièces que l'on joue beaucoup plus de trente fois? où sont celles que l'on reprend jamais? Puis, qui sait si le directeur d'aujourd'hui vivra même le temps de son engagement? qui sait si l'artiste arrivera jamais? Le protégé du directeur le permettra-t-il? Et les dames artistes, pourquoi chercheraient-elles à acquérir du talent, puisqu'on ne leur demande que de la grâce et de la beauté? Elles ont ma foi bien le temps d'étudier autre chose que des sourires devant leur miroir et la composition de leurs toilettes; ne faut-il pas qu'elles vivent et cherchent dans le théâtre la seule voie qui conduise aux appointements!

Reste le directeur! Oh! lui, ne lui demandez rien en fait d'art, ceci n'est plus de sa compétence! Il vend sa marchandise et tâche de faire le mieux possible ses affaires, ce n'est pas sa faute si ses fournisseurs sont mauvais. — Et voilà justement le point de départ de cette dégradation générale du monde dramatique; c'est cette habitude de se servir de l'art comme d'une sébile pour les recettes et de le forcer à faire de l'argent, au lieu de forcer l'argent à faire de l'art. Le théâtre, avec un comptoir et une montre, est impossible : le commerce et l'art sont incompatibles : et tant que l'intelligence ne dirige pas l'argent, le résultat est nul et pour l'argent et pour l'intelligence.

Commençons donc par le directeur, et tâchons de résumer en un seul portrait les traits principaux de ce grand commerçant de Paris.

I

LE DIRECTEUR.

Il a généralement de cinquante à soixante ans ;
son aspect est peu imposant, mais sa démarche est
celle de l'importance et de la conviction profonde
de sa valeur personnelle ; ses talons résonnent fièrement sur le sol, sa voix est brève, habituée à
donner des ordres tout-puissants, son abord peu
affable et rarement poli. C'est l'homme qu'on a le
plus besoin de voir dans son théâtre, et c'est celui
qu'on y rencontre le plus rarement.

S'agit-il d'une pièce qu'on lui présente? — Nous
ne sommes plus au temps où, parce que l'on était

jeune et inconnu, on était sûr de ne jamais être reçu; il n'y a qu'un théâtre à Paris où cela se pratique encore, et l'on s'en est assez mordu les doigts pour commencer à faire un peu de place aux talents nouveaux. En général on est, sinon lu, du moins reçu partout...; joué c'est autre chose! Mais, en aucun temps, les jeunes écrivains n'ont trouvé plus facilement l'écoulement de leurs œuvres; c'est que jamais, non plus, elles n'ont été dévorées plus promptement. Le manuscrit est donc classé dans le carton; il vous reste maintenant à venir chaque jour vous rappeler au souvenir du directeur. Rarement il vous renvoie votre œuvre; c'est vous qui, lassé de faire des démarches inutiles, venez la lui retirer un beau jour. Si par hasard il la lit, il ne vous fera pas d'observations en vous indiquant les passages faibles, ceux que vous pouvez retoucher; il n'y a qu'un directeur qui se donne cette peine gratuitement, et je le nommerai pour la rareté du fait, c'est M. Dormeuil. Les uns vous proposeront leur collaboration, ce qu'on peut traduire par une prime de... pour vous jouer; les autres vous imposeront la révision de monsieur tel ou tel, nom connu, qui fait bien sur l'affiche. Il est bien entendu que ce n'est que pour la forme et que rien ne sera changé à votre œuvre, qui doit être bonne pour qu'on vous propose cet arrangement; d'autres voudront retoucher votre pièce eux-mêmes, et alors je vous plains réellement! Si leurs embellissements vous font chuter, tout retombe sur vous; s'ils n'ont pas tout à fait abîmé votre œuvre et que vous réussissiez, comptez qu'ils proclameront partout que vous leur *devez une fameuse chandelle!*

Est-ce tout que d'avoir été reçu? Attendez, nous sommes aux répétitions; M. Tel ou Mme Telle est dans les bonnes grâces du directeur : — « Ne trouvez-vous pas ce passage un peu long? — Je n'ai pas de couplet; il m'en faut un absolument, avec des roulades. — Mon rôle est trop pauvre, il me faudrait une toilette grise; je viens d'en acheter une ravissante. — Je ne veux pas être embrassée, cela fait mauvais effet dans la salle. — Il me faut un pas de cancan. — Je veux épouser l'amoureuse à la fin de la pièce. — Et ceci et cela! »

Et le directeur vous impose une coupure, un couplet, une toilette grise, un pas de cancan, un mariage, et ceci et cela! Est-ce tout? On descend les décors. — Mais, monsieur le directeur, ma scène se passe dans une forêt, vous me donnez un jardin. — Monsieur, je n'ai que cela. — Eh bien, faites un décor. — Certainement, je vais dépenser 1,200 fr. pour une pièce qui m'en rapportera 400; êtes-vous fou? Il est bien plus simple de faire passer votre pièce dans un jardin; c'est comme

pour les costumes ; vous vous imaginez que je vais
vous donner des marquis et de la poudre quand
mes acteurs sont forcés de se payer les toilettes
modernes. Allons donc, mettez moi des habits
noirs et des chapeaux ronds !... Et vous cédez. Bien
heureux encore si le directeur vous accorde à regret
quelques places pour vos amis le jour de la première représentation.

S'agit-il d'un engagement d'artiste ; le directeur
est assis gravement dans son fauteuil :

— Oui, ma chère enfant, tout cela est très-joli,
mais je n'ai besoin de personne, moi.

— Monsieur, je suis élève du Conservatoire, et
si vous voulez venir me voir jouer demain.

— Mais c'est inutile, puisque je n'ai pas besoin
de vous. Si je vous prends je ne puis vous donner
que 800 fr., et vous vous fournirez les toilettes de
ville.

— Mais, monsieur, c'est impossible ; je ne suis
pas riche.

— Eh, pardieu ! vous le deviendrez ; Mme X.
non plus n'était pas riche quand elle était ici ;
voyez-la aujourd'hui. J'ai un très-beau public,
c'est à vous de savoir vous arranger, etc., etc.

(Une dame en toilette brillante entre chez le
directeur.) Bonjour, cher.

— Bonjour, belle dame ; que désirez-vous de moi ?

— Cher, j'ai envie de jouer les ingénues dans ton *boui-boui*. Ils sont drôles aujourd'hui, ils ne veulent que des actrices. Enfin, puisque ça flatte le comte, je me décide. Quant aux appointements, tu sais, j'en donnerai s'il le faut. D'abord je fournis les décors de ma pièce de début. Et puis tu verras les diamants que me donne le comte; je ne te dis que ça. S'il y a à aucun théâtre une femme qui en ait autant que moi, je te paye un dédit et je romps l'engagement.

— (Le directeur à l'élève du Conservatoire.) Mademoiselle, désolé; mais je ne puis pas vous prendre; vous concevez, j'avais promis. Vous, belle dame, à demain, n'est-ce pas?

Et avant de signer l'engagement on s'informera de la position de Mlle X. dans le demi-monde; si elle a un *Hector* influent; si sa cour est riche et nombreuse; on s'informera surtout si, par malheur, elle ne s'aviserait pas d'être fidèle : car, en ce cas, elle n'attirerait personne à l'orchestre. On sait si elle donne des bals, à quel chiffre s'élève sa fortune; on connaît toute sa garde-robe, et quand les renseignements sont satisfaisants, on signe l'engagement.

Et si cette dame ne sait pas jouer la comédie?

Voilà, ma foi, une chose bien intéressante à savoir, puisqu'elle est riche et jolie.

Il y a encore le directeur Adonis. Celui-là aussi

veut des jolies femmes, et avant tout il veut s'assurer par lui-même de la beauté de ses actrices.
Son théâtre est un sérail, et c'est à qui obtiendra
le mouchoir et deviendra la sultane favorite. Si
je ne respectais mes lecteurs et moi-même je leur
citerais l'histoire d'une actrice qui, venant s'enga-
ger à un de nos grands théâtres de vaudeville, fut
scandalisée, malgré son habitude des mœurs fa-
ciles, de la brutalité amoureuse du directeur qui
refusa de signer parce qu'elle avait repoussé son
hommage immédiat. Ne croyez pas que j'invente
une histoire scandaleuse; le fait est connu et le
nom sera sur la bouche de tous les habitués des
coulisses.

Il y a aussi le directeur qui, pris tout à coup
d'une moralité excentrique, ne veut plus que des
actrices mariées et fait de son théâtre une succursale de M. Foy. Cette fantaisie est dangereuse; au
bout d'un an tous ces mariages se brisent, et les
liens étant plus sacrés, l'immoralité en devient
plus grande; mais du moins ce sentiment est honorable et le directeur n'est pas responsable des
suites.

Vient ensuite le directeur marié à une artiste,
celui qui a telles ou telles préférences. N'approchez
pas de ce théâtre, vous qui voulez vous faire une
carrière de l'art dramatique; vous n'aurez que les

restes des protégées, et s'il y a un rôle qui puisse
vous élever trop haut, vous ne l'aurez pas; la
place que vous occupiez en entrant, vous l'occuperez
en sortant, et si vous avez sur le public une très-
grande influence, malheur à vous; non-seulement
les rôles les plus effacés vous seront imposés, mais
on ne vous en confiera plus du tout.

Pour les hommes, c'est autre chose; on les
marchande, on cote leur talent au plus bas prix,
et comme ils n'ont pas la ressource des intrigues
laissée aux femmes, leur existence est un combat
continuel avec la misère. Et cela sur les plus
grandes scènes; je vous citerai tel grand artiste
qui suffit à peine à ses besoins et n'a pas de famille
parce qu'il n'aurait rien à lui apporter. Il est vrai
que si la chance lui est favorable, il s'impose un
jour et alors se fait payer des prix fabuleux, demande toujours et obtient sans cesse; il en coûte
si peu au directeur de céder à ses folles exigences.
on diminuera un Tel, on rognera la part des petits
et l'administration ne s'en ressentira pas.

Il n'y a pas de terme moyen pour les artistes
hommes; ou tout en haut ou tout en bas de l'é-
chelle; et voilà pourquoi l'on se réjouit quand on
entrevoit la possibilité de l'intervention du gou-
vernement dans les théâtres. Quelle moralité on
attendrait de la police intérieure des coulisses et

combien une juste répartition du gain annuel du directeur amènerait de changements utiles et dignes.

En général le défaut du directeur est de regarder comme marchandise tout ce qui concerne le théâtre, artistes, auteurs et public. L'art s'efface devant la question d'argent, et l'on s'occupe bien moins dela gloire à acquérir en attachant à son nom un succès littéraire, que de se retirer avec pignons sur rue, voiture et inscriptions sur le grand-livre ; cela n'est pas digne, mais la faute en est au penchant de l'époque qui considère tout au point de vue commercial et l'on serait bien embarrassé de trouver un homme qui pût s'arroger le droit de jeter la première pierre au directeur ; si ce n'est toutefois l'auteur à ses débuts, parce qu'il ne s'occupe pas encore des pièces de 5 fr. qu'il ne connaît que de réputation.

II

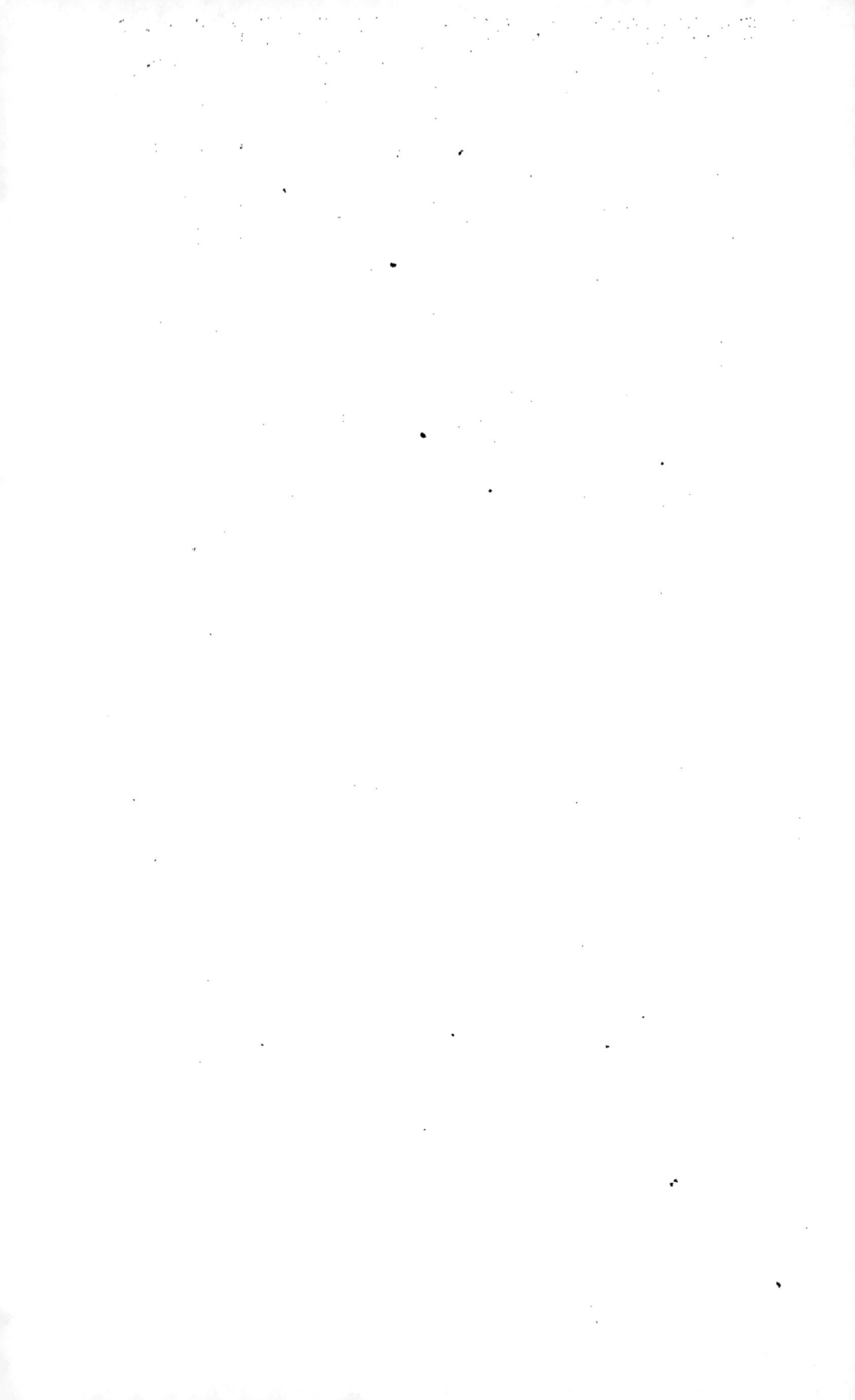

LÉ PUBLIC.

Puisque nous avons déclaré en commençant que le public était une des premières causes du mauvais goût qui règne en maître aujourd'hui sur nos scènes parisiennes, esquissons quelques traits de sa physionomie et de ses allures et plaçons-le au premier rang après le directeur comme le moins soucieux de tout ce qui est art et intelligence.

A part deux variétés que nous classerons tout de suite, le public est le même partout.

Il y a tout au plus à Paris une centaine de gens qui vont au théâtre pour étudier les genres et

2

suivre les progrès de la littérature; ceux-là ont
leur stalles aux Français de père en fils et sont
appelés des *moutons* et des *perruques* parce qu'ils
ont encore ce feu sacré de la tragédie et de la
vieille comédie, qu'il est ridicule d'admirer aujourd'hui. C'est un peu leur faute, ils n'acceptent
comme bien que tout ce qui date de leur jeunesse,
mais nous ne pouvons leur en vouloir en leur don-
nant si peu l'occasion d'établir des comparaisons
à l'avantage de ce qui est nouveau. Ils vivent tout
entiers dans leur vieux siècle, le beau, celui de
Racine, Corneille et Molière; *perruques* tant que
vous voudrez, mais ces perruques recouvrent des
fronts intelligents qui s'intéressent à ce qui est
beau, à ce qui est littéraire, et, à ce compte, je
souhaite à beaucoup de gens de gagner ce titre
qu'on jette avec mépris.

La seconde classe de spectateurs qui fait bande
à part et se distingue de toutes les autres c'est
celle de l'Opéra; l'Opéra, ce vaste salon où le genre
ordonne de se montrer les jours de représentations,
non pour écouter les sublimes motifs de nos maîtres, mais pour saluer Mme Telle ou Telle; l'Opéra,
lieu de rendez-vous pour les jeunes femmes du
monde où tant d'intrigues de haute lignée se
nouent et se dénouent; l'Opéra, cette grande exhi-
bition de diamants et de toilettes, de blanches

épaules et de coiffures embaumées ; l'Opéra, ce
magnifique temple de la musique élevée et de nos
dignes interprètes, où le public se porte en foule
pour mille et mille causes, excepté celle d'entendre
des opéras et des artistes.

C'est une succursale du bois de Boulogne et des
bals du noble faubourg, c'est un immense boudoir,
mais un théâtre, non ! — son public ne le veut
pas, ne le comprend pas ainsi, et nous, qui ne
comprenons pas ce public et n'en voulons pas,
nous ne nous en occuperons pas davantage.

Arrivons au vrai, à celui qui existe ou plutôt
n'existe pas aujourd'hui.

On prétend que chaque théâtre a le sien ; cela a
pu être ainsi autrefois, mais aujourd'hui, il est
partout le même, c'est-à-dire une masse indiffé-
rente d'ennuyés et de désœuvrés, un jour ici, un
jour là, n'aimant pas plus tel genre que tel autre,
s'inquiétant de l'art comme M. J. J.... de la sincé-
rité de sa critique, allant au théâtre comme à Ma-
bille, jugeant une pièce comme une mode nouvelle.

Autrefois on entendait par public une réunion
de gens sensés écoutant les œuvres littéraires et
les artistes, les appréciant, les critiquant avec
ardeur, avec conviction, défendant, attaquant tel
ou tel genre, sifflant, applaudissant, suivant qu'ils
étaient ou non satisfaits.

Aujourd'hui, où entendez-vous siffler (les anciennes Variétés n'existent plus)!

Qui entendez-vous applaudir (si ce n'est la claque)? Et n'est-ce pas là une preuve très-claire de la mort de ce qu'on nommait le public!

Est-ce une assemblée de gens assis le dos tourné à la scène, un lorgnon dans l'œil et causant tout haut que vous nommez ainsi? C'est à cela que vous remettez le soin de décider d'un succès; voilà le juge suprême et infaillible pour lequel, moi artiste, moi auteur, je travaillerai de mon mieux! Peut-on raisonnablement l'exiger de moi. Mais regardez de près ce que vous appelez public et dites-moi si c'est ainsi que vous le comprenez.

A cette avant-scène, c'est un heureux cavalier-servant d'une beauté à la mode qui vient jouir de son triomphe et se faire appeler *heureux coquin!* par tous les binocles à deux pieds de l'orchestre. Qu'est-il venu chercher au théâtre si ce n'est ce triomphe de l'amour-propre; son œil ne quitte pas la salle, il est tout oreilles pour les billevesées que daigne murmurer à son oreille cette sotte empanachée qui minaude en suivant dans la glace les effets produits par sa toilette. Et la pièce? Il vous en dira le nom en sortant, si l'ouvreuse lui a donné le programme, où si c'est un succès admis par le bon ton.

A l'orchestre, voici deux jeunes gens frisés, musqués, tirés à quatre épingles, lorgnons à l'œil, moustache en croc, air insolent, écoutez-les ; je vous garantis le dialogue écrit sous leur dictée pour ainsi dire.

— Eh !... quoi ? — Laisse-moi donc, la petite telle me lorgne depuis une heure, tu m'empêches de la voir.

— Mon Dieu, tu la retrouveras toujours, tu sais bien que nous sommes venus ici pour autre chose.

— Ah ! au fait, tu as raison. Nous sommes venus pour prendre une actrice, eh ! bien, regardons, je le veux bien.

— Tiens, tiens, mais en voici une assez drôlette, sais-tu qu'elle m'irait assez à moi.

— Oui, elle a de l'œil : qu'est que c'est, hein ?

— Je ne sais pas, mais j'ai envie de la prévenir après l'entr'acte.

— Es-tu fou, à la première pièce ! attendons au moins la troisième, il y aura peut-être une plus jolie actrice, il vaut mieux choisir, etc., etc.

Et voilà comment ces messieurs parlent des actrices, et voilà comment les actrices permettent qu'on les traite ! Et c'est ainsi qu'ils viennent entendre les pièces.

Plus loin, c'est le principal locataire d'une des beautés du théâtre qui vient régulièrement tous

les soirs s'asseoir dans sa stalle quand la déesse
joue; on a son service comme la claque; c'est un
des inconvénients de l'état, mais cela a l'avantage
de faire dire autour de soi : — Qui donc est ce monsieur qui est toujours ici? — Eh ! parbleu, c'est le
comte de ***, tu sais bien, l'amant de Mlle une
Telle... — Il dort! — C'est permis pourvu qu'on
ne ronfle pas trop haut.

Il y a encore les jeunes gens en goguette qui
viennent faire parade de l'esprit qu'il n'ont pas et
disent tout haut des stupidités dont ils rient de
manière à se faire crier : *A la porte* ! mais cela fait
bien, cela donne un petit cachet *Régence* et l'on
dit : Voyez donc, X. et Z. sont-ils gris! s'amu-
sent-ils! en voilà qui dépensent joyeusement leur
fortune et leur jeunesse.

Au balcon, des dames seules, filles de marbre
en baisse, qui tâchent de remonter sur la place, et
regagner leurs primes; valeurs très-offertes, peu
demandées et qui bientôt ne seront plus même co-
tées. (Style *Bourse* à l'usage des coulissiers qui éta-
blissent le cours de ces dames.)

Aux secondes les loges données, d'après ce prin-
cipe qu'il faut toujours qu'un théâtre soit plein,
même sans recettes. Tout le monde connaît cette
habitude des gens parfaitement aisés qui ne veulent, à aucun prix, payer leurs places; c'est mau-

vais genre, et l'on doit toujours avoir un directeur, un auteur ou un acteur dans sa manche. A ce propos, nous ne pouvons nous empêcher de faire remarquer cette étrange indiscrétion dont ne sont pas exempts les hommes les plus intelligents et les plus honnêtes; on ne demanderait pas à un industriel de sa connaissance deux grammes de sucre ou un mètre de drap; et à l'auteur qui vit de ses pièces comme le marchand de son commerce, on lui soutire sans scrupule, comme un prélèvement qui vous est dû, une partie de ses profits. Ceux-là se plaignent tout le temps; ils sont mal placés, mal assis; voyez comme Mme telle a une meilleure loge que nous! Quelle grossièreté! A peine si l'on entend! Il est vrai que pour les pauvretés qu'on nous joue! etc., etc.!

Je ne vous parle pas du parterre; vous savez, comme moi, que ce refuge des libres penseurs a commencé par se rétrécir d'une façon prodigieuse, et a fini par se remplir de l'honorable corporation sans laquelle l'applaudissement aurait disparu de la surface dramatique.

Ah! il y a aussi le spectateur qui a oublié son parapluie et, n'ayant pas trouvé de place dans l'omnibus, est entré se mettre à l'abri contre l'inclémence du ciel qu'il maudit de tout son cœur.

Il y a bien aussi le public du dimanche, le bon

bourgeois qui récompense toute sa famille et dé-
vore tout ce qu'on lui donne sans y rien comprendre, sans se plaindre, sans exprimer sa satis-
faction; donnez-lui n'importe quoi, il est venu au
spectacle s'amuser, donc il s'amuse; il ne vient pas
voir une pièce ou un artiste, il vient au spectacle
pour récompenser sa famille, son devoir est rempli
le dimanche soir à minuit.

Et le public des premières représentations? Ren-
voyé à celui de l'Opéra, c'est la même classe : voir
la salle et en être vu, voilà tout; c'est une question
de gants blancs et de robe neuve! Quant aux critiques, si vous m'en montrez ces jours-là vous
m'étonnerez beaucoup, et s'ils y sont c'est toujours
au foyer ou dans les corridors pour causer de la
pièce de la semaine passée ou de celle de la semaine
prochaine, à moins que ce ne soit de la jolie
actrice ***, d'un bon mot recueilli dans un *Ana* et
retapé à neuf, d'un livre du critique lui-même ou
des nouvelles d'Orient.

Il n'y a vraiment que dans les combles du théâtre
qu'existe le vrai public, et généralement il n'est
pas composé d'intelligences excessivement versées
dans toutes les finesses littéraires.

Le public existe aussi dans les petits théâtres du
boulevard, et je ne pense pas qu'il puisse avoir une
grande influence sur l'art.

Le public n'écoute plus, voilà la conclusion de tout ceci.

Il ne s'agissait donc plus pour le théâtre de donner des œuvres habilement construites, des études de mœurs vraies et écrites avec goût; il fallait trouver un piment qui réveillât le palais de ces passants désœuvrés qui viennent dans les salles de spectacle. Le scandale réussit toujours; ces gens venaient chercher au théâtre la suite de leurs intrigues de bas étage. Quoi de plus intéressant pour eux que de se voir sur la scène tels qu'ils sont dans la salle? Ils viennent là comme chez eux, dans leurs cabinets de restaurants ou leurs cercles. Compléter leur intérieur, les mettre tout à fait dans leur essence, leur continuer leur vie, leurs mœurs, leurs aises, mettre de plain-pied les tréteaux et l'orchestre, enlever la rampe, cette ligne de démarcation entre la réalité et l'illusion, n'était-ce pas le vrai moyen d'éveiller ce *public?* Ce n'était plus une pièce qu'il fallait écouter, on continuait sa vie de la journée, on se préparait à celle de la nuit en se regardant agir tranquillement dans sa stalle. On existait sans se donner aucune peine pour cela; les acteurs remuaient pour vous, c'était une fatigue de moins; c'était charmant. Pas d'efforts d'intelligence pour suivre l'intrigue, pas d'étude pour juger le style; on se regardait

3

dans une glace, voilà tout; c'était adorable. Et
voilà des pièces comme il en fallait; on avait enfin
compris le goût du public. On écoutait, on suivait
tout avec attention, on criait bravo! Oh comme
c'est cela! Voilà qui est touché; hein, M. Tel! hein,
Mme Telle! Ah! ah! mes gaillards, êtes-vous res-
semblants!

Et le public avait jugé! Il avait décidé qu'il ne
pouvait comprendre que le scandale et le scandale
s'asseyait glorieusement sur les ruines de l'art et
du style; et les théâtres vides se remplissaient! Et
les comédiens se frottaient les mains; et les directeurs ne cherchaient plus de bonnes pièces, mais
de bonnes petites infamies, bien vêtues, bien coquettes, avec du blanc et du rouge. On se disputait
les petits vices bien sales, bien répugnants, mais
bien immoraux; et les garçons de cabinets parti-
culiers, les cochers de paniers à salade, les huis-
siers de bals publics se préparaient à devenir auteurs et portaient leurs manuscrits aux directeurs,
avec l'espoir d'être bientôt acclamés parce qu'ils en
savaient plus long que tout le monde sur ces petits
mystères de la mauvaise société dont ils font leur
existence.

Et voilà ce que vous nommez public! Allons
donc! il serait honteux pour les auteurs sérieux
de l'accepter comme juge quand il montre de pa-

reilles préférences. Le public est mort et enterré; je
ne dis pas qu'il ne renaîtra pas, mais l'orchestre
se rétrécira, et le parterre regagnera l'espace qu'il
a perdu.

Tant qu'on ne viendra pas au théâtre pour le
théâtre lui-même, pour les pièces, pour les artistes,
il n'y aura ni pièces ni artistes, partant point de
juges..., et dites-moi ce que c'est qu'un public qui
ne juge pas ?

III

.

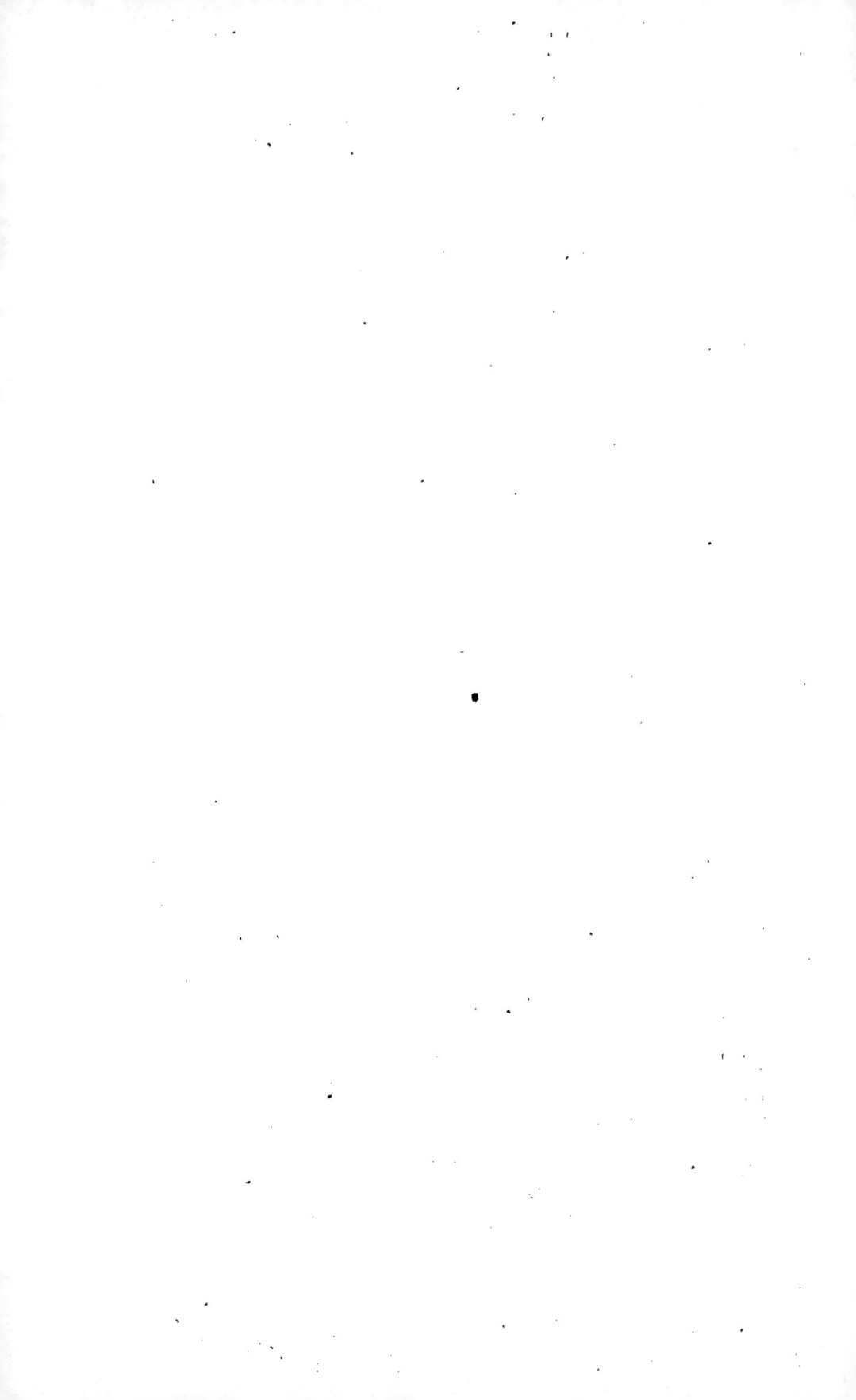

L'AUTEUR DRAMATIQUE.

Quel vaste sujet! et quelle diversité! va s'écrier maint lecteur. Hélas! cela est triste à dire, mais rien de moins varié, au contraire; à peu de choses près, tous les auteurs se ressemblent aujourd'hui, et chacun d'eux, en voyant le portrait général que nous comptons faire le moins flatté possible, va se reconnaître et se récrier.

Aussi, pour nous éviter toute explication, nous commençons par déclarer que nous n'avons en vue aucune personnalité.

Jamais, peut-être, le monde artistique n'a été plus largement représenté; cela est-il un bien, cela est-il un mal? A voir les productions de cette pluie d'auteurs on peut, sans crainte, déclarer que c'est là un mal. Pour nous une marque de décadence dans la littérature dramatique (la seule dont nous nous occupions dans cet article), c'est l'abondance de ces auteurs dont bien peu élèvent la tête au-dessus de la foule banale, qui vient on ne sait d'où, et retourne un jour d'où elle vient.

Doit-on, en effet, regarder comme un progrès ce qui est un abus de l'éducation? Et n'est-ce pas une preuve de grande faiblesse artistique que la facilité avec laquelle des œuvres sans originalité et écrites d'une manière commune, trouvent à se caser aujourd'hui?

— Le public a besoin d'avoir souvent du nouveau pour le réveiller.

S'il faut le réveiller, cela prouve qu'il s'endort, et c'est tant pis pour vous qui ne savez pas tenir son intérêt en haleine et attacher son attention à des œuvres sérieuses et littéraires qu'il se plairait à revoir plus d'une fois. Autrefois on composait au collége des pièces pour l'Odéon, et l'on était tout heureux de les retrouver, quand on était devenu étudiant, pour rire de bon cœur en relisant les enfantines beautés de ces tragédies au maillot; aujourd'hui on fait des vaudevilles en sixième, et si l'on attend avec impatience la fin de ses classes, c'est pour remplacer sa tunique par l'habit noir et courir chez un directeur de théâtre porter son chef-d'œuvre qu'on ne retouche même pas.

Pour être vaudeviliste il suffit de savoir lire et écrire, et encore s'il fallait tout dire... Oui, je citerais des pièces de certains théâtres du boulevard, et je ne parle pas des plus infimes, qui étaient bien heureuses de passer par les mains d'un copiste intelligent, sans cela, Dieu sait ce qu'aurait pensé de son auteur ce pauvre M. Lhomond si peu respecté de nos jours.

Combien compte-t-on d'auteurs qui n'ont même pas, dans leur bagage littéraire, un seul vaudeville, et n'ont jamais trouvé que des sujets de pièce. Vous rencontrerez dans les cafés de théâtres de ces gens qui vous diront :

— Oh! mon cher, j'ai une idée charmante; figurez-vous une pièce ravissante à faire; le titre est : *La Caisse à Bilboquet!*... Hein?

— Eh bien..., après?

— Comment, après? Parbleu, vous voyez bien l'idée; il n'y a qu'à bâtir un sujet là-dessus. Voyez de suite quel succès sur l'affiche avec un pareil titre : il y a une chose ravissante à faire avec cela.

Il y a un millier de ces *petits auteurs*, comme on les nomme, et, à force de frapper à telle ou telle porte, on les joue, ne fût-ce qu'une fois, et le lendemain vous les voyez, un manuscrit sortant de la poche, marcher fièrement, disant *bonjour cher* aux grands auteurs, et parlant de Scribe comme d'un de leurs petits camarades ; bien heureux encore s'ils daignent ne pas aplatir ce *faiseur*, qui à lui seul suffisait à faire vivre un théâtre.

Le fait est que, du temps de M. Scribe, ces messieurs se seraient trouvés bien gênés de leurs petites rapsodies.

Ah ! pauvres fous que vous êtes, vous devriez le regretter plus que personne ce beau temps où l'on arrivait si difficilement ; alors au moins vous pouviez vous poser en victimes, dire qu'on bouchait toutes les portes au génie, que vous travailliez sous le nom du maître pour ses œuvres qu'on vous commandait dans ces boutiques dramatiques.

Aujourd'hui rien de tout cela ; les barrières sont tombées, les théâtres sont ouverts à deux battants, les directeurs tendent des mains suppliantes, les artistes sont pendus à vos poches, l'arène est li-

bre..... Où sont vos chefs-d'œuvre méconnus? Eh
quoi! vous boudez, vous gardez vos trésors pour
des intelligences plus fines, et ne daignez jeter en
pâture au public que vos ours piteusement gro-
gnons.

Croyez-moi, vous serez demain ce que vous êtes
aujourd'hui, nuls de toute nullité. Vous n'avez
rien qui vive sous vos fronts si orgueilleux, rien
qui batte sous ces cœurs vieillots, pas de feu sacré, pas d'aspirations vers le beau, pas même
d'ambition pour le succès.

Vous méprisez le public aujourd'hui; il n'a pas
de goût; et qui donc est chargé de lui en donner?
Les bons vaudevilles du temps passé vous semblent fades et vides, vous faites des pièces *corsées*!
Faites une école alors; créez un genre! Ah! vos
pièces sont plus *corsées*, comme vous dites, que
celles d'autrefois; montrez-moi donc où vous pui-
sez des intrigues, quand par hasard vous en cherchez une; dites-moi si cette lourde charpente posée
sur des chalumeaux de paille peut se comparer à
ces flexibles et gracieuses guirlandes qui s'enrou-
laient à ces échafaudages légers, bien construits,
bien polis, bien peints dont se servaient nos bons
parents.

Et vos drames, vous croyez avoir progressé
parce que vous avez changé en câbles ridiculement

tendus ces simples ficelles du vieux mélodrame.
Mais c'est là justement ce qui a rendu ce genre
impossible; vous n'avez pas compris que cette
bonne grosse naïveté qui frappait brutalement les
yeux du spectateur, était justement la qualité de
ce genre invraisemblable; des grands coups de
coutelas portés par des bras solides venaient punir
le coupable et sauver l'innocent; pour arriver au
même but vous avez mis des gants gris-perle à
votre traître, vous avez inventé les petites fioles
d'argent de poison rose, et vous n'avez pas vu que
ce qui n'était qu'invraisemblable est devenu impossible et stupide.

Vous avez donné à ces personnages de la vie
grossière, et salement réelle, un langage prétentieux et puisé dans les romans les plus musqués.
Ces gros crimes qui faisaient peur, répugnaient au
peuple et par cela même l'éloignait du vice représenté par un personnage tellement méprisable que
tout les spectateurs demandaient sa mort, qu'en
avez-vous fait? De mesquines gredineries, assez
habilement dissimulées pour laisser l'intérêt sus-
pendu sur ce joli *criminel* qu'il est bien triste de
voir punir tant il s'y prenait gentiment et avec
adresse; on ne le méprise plus on le plaint. Vous
avez tué le drame comme vous avez tué le vaudeville.

La tragédie est morte de sa belle mort, et vous en riez; c'était un genre stupide, vieux, usé... Allons soyez francs, c'était un genre qui n'admettait que la fine fleur de la littérature; il fallait de beaux vers, de nobles pensées, un style vigoureux et savant, et vous n'êtes ni savants, ni vigoureux, ni créateurs, ni poëtes, vous avez imité le *renard de la fable;* la tragédie était trop verte pour vous.

En revanche vous avez régénéré la comédie... Molière! Beaumarchais! Où sont-ils bon Dieu! à combien de lieues derrière vous? Ces pièces qui ne vivaient que de la vie réelle, où l'on riait d'un rire fou et intelligent, où les vices étaient montrés du bout du doigt avec une finesse et un esprit qui permettaient au spectateur de voir et de deviner sans qu'on lui mit le nez dessus; ces pièces où les personnages parlaient en bon français un langage simple et naturel, ces pièces qui frappaient les spectateurs et les faisaient rire d'eux-mêmes sans jamais les blesser, qu'en avez-vous fait?

Oh! vous avez bien changé tout cela.

Votre comédie ne rit plus, elle grince des dents; c'est une énergumène qui lance sa bave sur tout, jette des traits empoisonnés à droite, à gauche et n'est satisfaite d'elle-même que lorsqu'il y a mort d'homme ou de femme.

Votre comédie fouille dans les cloaques d'un

monde honteux qui n'a pas même de poudre et de
mouches pour parer son impudeur, elle met en
lumière ce vice grossier et mal vêtu, qui ne se
grise pas mais se soûle; ce n'est plus le marquis
qui s'oublie dans un cabaret et commet des vile-
nies de bonne maison, ce sont de jeunes sots gro-
tesquement habillés qui se traînent sous les vo-
lants de femmes tout au plus gentilles, sans esprit, et qui font commerce de leurs charmes à des
taux plus élevés que ne le comporte leur manque
de distinction et d'intelligence de la galanterie coquette et de bonne compagnie. Au lieu de Mon-
dors, des boursiers communs dont l'or ne scintille
pas joyeusement dans des poches béantes, mais
sort péniblement d'un porte-monnaie étranglé
dans un gousset.

Au lieu de *vierges folles*, de pimpantes gri-
settes, de coquettes marquises, inventant mille
ruses féminines délicates et fines, des *filles de marbre*, grosses villageoises habillées de soie, à peine
empreintes du vernis du monde possible que vous
avez peine à laisser déteindre sur elles, tant votre
dose en est minime.

Au lieu du Frontin insolent mais intelligent,
trouvant mille ruses pour servir les amours et la
bourse de son jeune maître, de grossiers coquins se
roulant en secret sur les divans de leurs maîtres,

jouant à la Bourse l'argent qu'ils leur volent au lieu de leur prendre, et n'inventant que des tirades de mauvais goût sur la stupidité de ceux qu'ils servent.

Au lieu de moqueries fines, de grosses immoralités ou des coups de boutoir; au lieu de rires, des hoquets dramatiques; au lieu du vice se montrant tel qu'il ne doit pas être, le vice s'étalant tel qu'il est et restera; au lieu de conseils indiquant ce qu'il ne faut pas faire, des exemples qui semblent demander à être suivis parce qu'ils sont mauvais.

Et le proverbe, ce rien si pimpant, habillé d'un gracieux babillage, de causeries coquettes, fines et distinguées, où est-il?

On appelle aujourd'hui proverbe toute œuvre sans intrigue et sans style, qui n'est ni drame, ni comédie, un rien aussi, mais qui se laisse voir dans toute sa nudité. Une pièce manquée se nomme un proverbe.

Voilà votre Ecole et vous n'avez même pas le sublime courage d'arborer franchement votre nouveau drapeau!

Où sont vos chefs? Qui de vous tiendra la lance contre les créateurs du passé?

Hugo, Musset, Dumas, Casimir Delavigne, Ponsard, préparez-vous à combattre ces terribles innovateurs; où sont-ils?

Ils sont mille contre un, mais ce un existe et ces mille ne sont pas, et ce qui le prouve c'est justement leur nombre qui n'a pu produire un champion digne d'entrer en lice.

Nos auteurs aujourd'hui sont les manœuvres qui prépa.ent lentement la voie à l'avenir ou au passé, suivant qu'une ère nouvelle s'ouvrira, ou que rien n'arrivant il faudra regarder derrière soi pour trouver le mieux. Bien habile serait celui qui pourrait dire avec certitude : ce désordre prépare un grave événement littéraire, de ce chaos jaillira un génie nouveau! Rien ne l'annonce si ce n'est deux ou trois noms qui nous semblent aujourd'hui dignes de toute notre admiration parce que nous les considérons au point de vue du présent, mais qui, jusqu'à ce jour du moins, ne marcheraient pas de pair avec les gloires dramatiques du passé.

Et cette décadence d'où vient-elle?

D'abord d'une incapacité réelle chez quelques-uns, d'une négligence volontaire chez beaucoup. Notre époque est commerçante; si la gloire vient tant mieux parce qu'elle apporte de l'*argent* voilà tout.

Si l'on fait un roman on en fera une pièce, et réciproquement, non pour être deux fois célèbre, mais pour gagner deux fois de l'*argent*.

On ne travaillera pas ses ouvrages, parce que

plus on en livrera plus on aura d'*argent*. Vite pour avoir beaucoup, voilà le point capital.

Quelques mots maintenant sur les différentes classes d'auteurs :

1º *Le faiseur*, celui qui est arrivé et suit avec la plus scrupuleuse exactitude le précepte indiqué plus haut; c'est de lui qu'on peut dire, avec un de nos spirituels confrères : « Il a une sonnette de nuit à sa porte pour les directeurs pressés. » Il ne fait que sur commande; il ne présente jamais que des scénarios et a soin d'écrire de loin en loin : « *Ici il y aura un joli couplet,* » mot plein d'une crânerie qui prouve la force, mais n'est guère de mise que dans la bouche de M. Scribe. Le scénario reçu, la pièce est bientôt bâclée.

2º L'auteur qui travaille en collaboration; généralement c'est un Cerbère dont la première tête trouve le titre, la deuxième tête la pièce, la troisième un moyen de la faire recevoir.

3º L'auteur qui a toujours en poche cinq ou six manuscrits, et passe sa journée à courir les cafés de théâtres et la soirée à rôder dans les coulisses. Il sait toutes les nouvelles, est à la piste des besoins de la direction. Entend-il un directeur désirer un vaudeville, il fouille dans la fameuse poche et en tire le vaudeville demandé; s'agit-il d'un drame,

4

d'un opéra, il est toujours prêt, et c'est lui qui a inspiré le mot de : *Prenez mon ours.*

4° L'auteur qui fait une pièce et annonce dans tous les journaux de théâtre que M. X. vient de mettre la dernière main à un chef-d'œuvre que toutes les directions vont s'arracher. Est-il en répétitions? tout Paris saura qu'il aura sous peu le bonheur de voir représenter l'œuvre sublime du spirituel M. X. C'est l'auteur à la réclame tout nouvellement inventé.

5° L'auteur qui s'est fait présenter à tous les élus, et à force de rôder dans leurs jambes finit par être de la maison et obtient d'eux une part au gâteau. — Ce métier a l'inconvénient de vous faire ressembler à un caniche perdu et de vous attirer, en cette qualité, des rebuffades du maître souvent agacé d'être si fidèlement suivi.

6° L'auteur qui est au mieux avec nombre d'actrices parce qu'il a de beaux cheveux bouclés et joue les amoureux à domicile, ou est assez riche pour éteindre la soif inextinguible de tous les artistes mâles. Aidé de l'influence de l'un des deux sexes il arrive à une oreille du directeur, et c'est un si petit service que d'accepter une pièce!

7° L'ami du directeur; la plaie d'une administration, il se croit des droits parce que le directeur

a le malheur de le connaître, et se fâche tout rouge
si son ami refuse ses pauvretés.

8° Le commanditaire de la direction ; autre plaie
des théâtres quand l'idée lui vient d'être auteur.

9° Le jeune beau qui ne sait pas pourquoi il ne
ferait pas de pièces quand tant de pauvres hères en
font, et menace des foudres ministérielles qu'il peut
avoir en main, le maladroit, qui ne comprendrait
pas son désir.

10° L'auteur attaché à la direction, chargé de
mettre un grand nom aux pièces d'un débutant et
de partager fraternellement avec lui les droits d'auteur.

11° Enfin l'auteur sérieux, qui lit toute sa journée, écrit toute sa nuit, travaille de toutes ses forces,
de toute son âme, rempli du feu sacré, prenant la
gloire et le théâtre au sérieux, mangeant du bœuf
enragé. Celui-là est de l'espèce rare des auteurs
qui n'arrivent pas et meurent de faim s'ils s'obsti-
nent à rester auteurs. Du reste, cette classe est
rare et les directeurs commencent à leur faire une
petite place, se doutant bien que la grande dé-
bâcle arrivera un jour, et que le soleil pourrait bien
se lever de ce côté-là.

J'ouvre ici une parenthèse pour déclarer que ceci
n'est pas une récrimination comme beaucoup pour-

raient le croire, attendu que j'ai la persuasion in-
time que sachant lire et écrire comme nombre de
mes contemporains, je puis arriver beaucoup plus
vite à leurs succès dramatiques en suivant l'exemple
des neuf premiers auteurs que j'ai cités que celui
du dernier.

Reste l'auteur qui n'écrit pas, n'a jamais écrit et
n'écrira jamais. C'est généralement celui qui parle
le plus haut dans les cercles artistiques et n'ôte jamais son chapeau aux talents reconnus. Ce n'est
pas par pudeur, bien loin de là; il se croit, au contraire, fort au-dessus d'eux, sachant qu'on ne lui
reprochera jamais ce qu'il a fait.

Vous voyez que cette grande variété se résume
en une unité de nullité bien fraternelle; et pourtant il semble en ce moment qu'il y a du feu sous
ces cendres et qu'il est prêt à se rallumer. Cette
longue période de repos a dû rafraîchir les cer-
veaux de la jeune littérature, et des noms commencent à rayonner. On s'inquiète du départ de
Rachel, du succès de Mme Ristori; on critique
avec plus d'ardeur et de vérité; on redit les noms
de Beaumarchais et de Molière; on jette la pierre
aux vaudevilles écrits en argot; les vieux artistes
rentrent dans les théâtres, et l'on parle un peu de
l'avenir!

IV

LE CRITIQUE.

L'homme qui doit fixer le goût du public, celui qui a pour mission de diriger l'art, d'en montrer les débauches et les beautés, la plus sérieuse et la plus honorable des missions.

Quelle immense influence a le critique, que de bonnes choses il peut faire, que de mauvaises il peut empêcher! Ses études ont une application constante; le public a confiance en ses jugements et ne se décide en faveur d'une pièce qu'après avoir pris conseil de lui.

A la première représentation il est là, assis dans
un coin obscur, s'isolant le plus possible de toute
distraction; il suit avec une attention sérieuse les
progrès de la pièce, il en cherche les ressorts, il
épie les fautes, note les passages remarquables,
cherche s'il n'y a pas un point de ressemblance
avec des œuvres connues; s'il sent une fâcheuse
tendance de style, il la grave dans sa mémoire
pour la reprocher à son auteur. Bienveillant sans
faiblesse, sévère sans dureté, juste toujours, il prépare les matériaux qui formeront sa décision.

Il revient le lendemain, et alors il étudie le jeu
des artistes à leur tour. Mademoiselle une telle est
plus jolie que telle autre, elle est plus aimable
pour lui; tel artiste est son ami, tel autre est mal
avec lui; n'importe, ce qu'il cherche, ce qu'il voit,
c'est la manière dont leurs rôles sont remplis, et
ses louanges et ses reproches tomberont juste, seront appuyés sur des considérations détaillées, sur
des observations précises, seront présentés comme
des conseils et ne se formuleront pas par une épithète banale.

Puis, rentré chez lui, le critique relira ses notes,
se rappellera ses impressions, les examinera froi-
dement, recherchera dans tel auteur les jugements
portés en pareil cas, compulsera, comparera, étu-
diera et fera son article en toute connaissance de

cause et de telle sorte que tout le monde puisse reconnaitre la justesse de ses appréciations.

Voilà le critique!

Que cherchez-vous ainsi autour de vous? Vous vous demandez avec étonnement qui j'ai voulu peindre ici.

Ne cherchez pas, vous fatigueriez inutilement vos yeux et votre mémoire. Je vous ai peint le critique tel qu'il n'est pas et devrait être; voyons-le un peu tel qu'il est aujourd'hui, et si vous y trouvez un seul trait de ressemblance avec le portrait que je viens de faire, soyez assuré que je me trompe et que je vois avec trop d'indulgence.

Il n'y a pas de critique possible sans justice; c'est le point capital de son existence, et tout le monde le reconnait; or il faut, ou que cette règle soit changée, ou que la critique n'existe plus, car la question de justice est tout à fait mise de côté aujourd'hui.

Pour faire un critique dans un journal de théâtres, vous prenez un jeune homme qui a fait à peu près ses études. Du moment où il sait écrire l'orthographe il est capable de remplir cette noble tâche; vous ne le payez pas et vous avez parfaitement raison, c'est l'estimer à sa valeur. Ce qu'il veut, c'est avoir ses entrées, soit pour obtenir un coup d'œil protecteur des actrices parce qu'il est riche,

5

soit pour assister gratis au spectacle parce qu'il est pauvre; quelques-uns ont pour motif le désir de se mettre bien avec les directeurs pour leur écouler leurs vaudevilles et leurs drames. Vous donnez à ce jeune homme une liste des abonnés du théâtre dont il fait la critique; c'est le livre d'or; il lui est interdit de toucher à ceux qui y sont inscrits. Il doit savoir choisir dans le dictionnaire une épithète qui reste accolée à leurs noms, comme celles-ci par exemple : X...., le délirant comique; la ravissante B...; le sublime C..., etc., etc. Le talent de ce critique consiste à posséder un recueil varié de compliments tout confits en douceur, et de les distribuer avec discernement suivant le plus ou moins de temps pour lequel l'artiste s'est abonné.

Il est généralement persuadé de son importance et tâche d'avoir une mise particulière qui le fasse remarquer des spectateurs. — *Il mettrait volontiers son nom sur son chapeau.* Il va au café du théâtre et tranche les discussions des habitués sur la pièce nouvelle avec une insolence qui en impose aux niais. — Détestable! — ravissant! il ne sort pas de là; mais le motif de ce résumé d'appréciation? Pour qui le prenez-vous? Il décide, cela doit vous suffire.

Au rese, il faut avouer que les artistes et le directeur aident beaucoup à propager cette espèce de critiques.

Les premiers sont bien aises de savoir qu'avec 5 fr. ils ont un esclave soumis à leurs volontés, qui chantera leurs louanges tant qu'ils voudront et dont ils disent avec mépris, s'il les attaque : *Parbleu, je ne suis pas son abonné!*

Le directeur veut que tout ce qui sort de son établissement soit admirable et admiré, et, comme il tient les munificences des entrées et des loges, il est sûr d'en avoir pour son argent.

Niais qui ne comprennent pas quel attrait donnaient à leurs théâtres, quelle importance littéraire donnaient à leurs représentations, ces discussions sérieuses sur les œuvres nouvelles, ces critiques indépendantes et intelligentes; niais qui ne voient pas quel intérêt il y avait pour le public à s'établir le juge souverain et en dernier ressort des opinions diverses émises par des gens sensés qui mettaient dans leur vrai jour le mauvais et le bon côté des pièces qu'on lui donne.

Pauvres jeunes gens qui perdent le temps de l'étude à griffonner du papier sans utilité pour leur style, sans honneur pour leur avenir. Ils ne peuvent pas, disent-ils, faire de l'indépendance, parce que les artistes ne s'abonneraient pas, parce que les directeurs retireraient leurs dons Et pourquoi les

directeurs donnent-ils? pourquoi les artistes exi-
gent-ils des louanges? Si vous aviez conservé l'ho-
norabilité de vos jugements, vous auriez eu en
droit ce que vous obtenez comme une grâce.

Vous auriez eu pour abonné le public et les artistes sérieux qui tiennent à profiter des conseils
qu'on leur donne, et le nombre des abonnements
eût été beaucoup plus grand, et par cela même
votre influence eût augmenté.

Mais·il faudrait pouvoir donner des conseils;
pour cela il faudrait apprendre, étudier, et la jeune
littérature a bien autre chose à faire, elle aime bien
mieux écrire sans s'inquiéter de ce qu'elle écrit,
cela fatigue moins, demande moins de travail, et
puisque le public ne s'en plaint pas, qu'importe!

Le plus dangereux de ces critiques est celui qui
subit telles ou telles influences, impose son amour
pour un article, et se fait le serviteur du premier
nez au vent qui excite sa convoitise.

Triste et vilain métier que celui-là, mais en par-
faite harmonie avec les mœurs de notre gracieuse
époque.

Et pourtant ces jeunes ignorants qui s'arrogent
le droit de juger les autres de par leur porte-monnaie, sont cependant plus amusants que méprisa-
bles; le malheur est que beaucoup de gens se laissent prendre à leurs analyses et entourent encore

du même respect la critique et ses pîtres ridicules
qui se disent ses représentants.

Voyez-les dans un théâtre; quel bonheur pour
leur amour-propre si quelque ami les accompagne
au moment où le contrôleur échange un coup de
chapeau avec eux! Ils font les honneurs de l'orchestre comme s'ils étaient chez eux; ils sont cent
fois plus fiers et plus exigeants de leurs droits que
les auteurs de ces pièces qu'ils sont chargés de ra-
conter. Ils se croient vraiment fort importants, et
si Lafontaine les avait connus dans sa fable de *la
Mouche du coche* il eût remplacé la mouche par un
critique. Le plus drôle c'est qu'ils se moquent
d'eux-mêmes avec une impudeur remarquable;
ils surenchérissent sur les railleries peu respec-
tueuses dont les artistes accablent leurs fonctions;
leur grande gloire est d'avoir rendu compte d'une
pièce qu'ils n'ont pas vue, et il n'en est pas un qui
ne se vante de ce haut-fait; et cependant ils ont
vraiment de l'influence, et directeurs et acteurs
leur en accordent d'autant plus qu'ils sont moins
vrais et moins sérieux, parce qu'artistes et directeurs comprennent que ces critiques usent l'arme
la plus puissante contre leur négligence ou leur
incurie.

Il y a une autre espèce de critiques; celle-là est
cent fois plus méprisable que l'autre; qu'on vende

ses louanges pour une somme ou un abonnement,
on ne porte préjudice qu'à soi-même, et l'on n'a
de comptes à rendre qu'à sa conscience; mais exhaler sa rage contre tout ce qui est beau, fouler
aux pieds avec fureur tout ce qui est talent, s'a-
charner, sans motifs, sans justice, contre ceux qui
travaillent pour atteindre une position digne et
honorable; accabler d'expressions méprisantes une
femme qui a eu le bon goût ou la vertu de refuser
votre hommage; s'acharner après une direction
parce qu'elle ne vous accorde pas vos entrées ou
n'accepte pas vos pièces, c'est là un métier honteux
et méprisable; si l'on est un petit de la presse,
c'est de l'envie, et l'envie est un vice qui répugne;
si l'on est puissant dans le journalisme, c'est une
infamie et une lâcheté, parce qu'on use pour le
mal du pouvoir que l'esprit vous a donné pour le
bien; et combien de gens se servent de ce moyen
pour se créer un nom à l'abri des talents qu'ils
attaquent, parce qu'un jour vient où, fatigués
d'entendre aboyer après leurs jambes, ceux-ci se
retournent et chassent l'importun à coups de pied,
ce qui lui donne le droit de crier plus fort. Disons
bien vite, pour l'honneur du critique, que c'est là
une exception très-rare, et que le mépris en fait
vite justice.

Et le grand critique des grandes feuilles! Il est

payé, celui-là; il gagne sa vie avec sa plume, et
plus que tout autre a une influence sur le public.
En use-t-il pour le progrès de l'art? Allons donc;
tout comme les petits, il en use pour son plaisir
particulier ou sa gloire personnelle. Il est toujours
en jeu dans les appréciations qu'il fait des autres;
c'est le moi qui joue le grand rôle. A propos de
M. Z, de Mlle X, de telle pièce nouvelle, il vous
raconte qu'il a fait ceci, cela; qu'il était très-gentil
quand il était jeune; il vous parle architecture,
sculpture, peinture à propos d'art dramatique, et
touche de grosses sommes pour débiter avec esprit
un tas de lieux communs. Jugez ce qu'il pourrait
faire s'il dirigeait sérieusement cet esprit qu'il
perd à chercher mille riens qui ne touchent nulle-
ment à son sujet.

Aussi ne le voyez-vous aux premières représentations que dans les foyers des coulisses, où il
écoute les histoires scandaleuses et pince le men-
ton à l'actrice en vogue; quelquefois il se chauffe
les pieds dans le foyer du théâtre, afin de faire
voir qu'il était là, et pouvoir dire le soir dans les
salons, en bâillant et s'essuyant le front :

— Quel métier! mon Dieu! quel métier!

Et franchement, dans un autre sens, nous dirons
absolument comme lui :

— Quel métier!

V

L'ACTRICE.

Commençons par établir un fait. Il n'y a plus d'actrice aujourd'hui, ou du moins il ne s'en crée pas de nouvelles.

Pourquoi?

D'abord parce que l'art est dans une phase de doute qui ne permet pas d'étudier tel ou tel genre; c'est peine perdue; qui sait si demain on ne rira pas de ce que l'on admire aujourd'hui. Toutes les gloires féminines existent mais aucune ne prend naissance. On arrive d'emblée sur les planches, persuadé de son talent futur comme les vaudevillistes travaillent avec la presque certitude d'écouler leurs ours.

Il y a une pénurie incroyable d'actrices dévouées à leur art et le considérant sous un point de vue sérieux.

Le théâtre, pour la majorité de ces dames, est la seule voie de salut restée au succès de leurs charmes. Jamais l'immoralité de bas étage n'a été poussée si loin.

La cause est difficile à donner; c'est bien un peu ce goût du luxe économique et facile qui est à l'ordre du jour, mais est-ce là tout? Il faudrait entrer ici dans une étude des mœurs de la société moderne, ce qui sort de notre cadre et nous répugnerait un peu, nous l'avouons, seulement ce que nous devons constater c'est que la dégradation morale a envahi le théâtre, suivant les progrès de la société et y règne comme au plus vilain temps de nos époques galantes, moins l'esprit, la grâce, les formes et l'argent.

Suivez un peu la destinée d'une jeune fille vouée au théâtre et dites-moi quelle force de caractère il lui faudrait pour rester sage et pour être reconnue telle; car c'est là la grande question, et la plupart des jeunes filles se perdent par ce seul motif qu'elles passent pour perdues et ne jouissent jamais des bénéfices de l'honnêteté, elles sont bêtes, ridicules, et, vous le savez, en France, le ridicule tue, même la vertu. Aussi devrait-on mettre au premier rang des saintes les femmes qui ont résisté, elles ont assez souffert pour cela!

Vous ne croyez pas au ridicule qui change l'avenir d'une femme, vous avez tort, si vous saviez ce qu'il m'en a coûté à moi de soulever une pareille question, avec la certitude de passer pour un niais ou pour un prétentieux moraliste; et pourtant il ne s'agit pour moi que d'une mesquine blessure d'amour-propre!

Mais cette jeune fille à qui ses parents ont donné le goût du spectacle par une imprudente imprévoyance, ou parce qu'elle répétait avec de grands gestes les fables de Lafontaine, son amour-propre est mis en jeu à peine à l'âge de raison; il devient le but de son existence et continuellement il est froissé et excité.

Sa première petite robe d'indienne la condamne aux rôles muets et aux moqueries de ses camarades. Elle est jolie, pour son malheur, sans cela le théâtre lui eût fermé ses portes. Ces dames des premiers rôles ne parlent que de leurs conquêtes, des amants qui se ruinent pour elles, meurent d'amour à leurs pieds, c'est la seule conversation des coulisses à la répétition, à la représentation, à la ville,

partout, toujours. — Fais-toi aimer, petite niaise,
si tu veux arriver à notre hauteur!

L'auteur influent caresse la joue de la débutante.
— Je vous ferai arriver, ma petite. — Comment?
— Aimez-moi!

L'auteur qui est à deux genoux devant la grande
actrice, réserve pour la débutante toutes les humi-
liations, toutes les duretés; elle pleure. — Petite
folle, allons on séchera ces larmes si vous voulez;
je vous lancerai dans un bon rôle que je ferai pour
vous. — Oh! monsieur, que vous êtes bon. Comment vous remercier? — Aimez-moi!

Puis les bonnes amies de théâtre, ces femmes qui
n'ont pas de position sociale si ce n'est d'être toujours à l'affût des visages nouveaux. — Oh! ma
belle enfant si vous saviez comme le beau jeune
homme qui est là dans l'avant-scène, vous adore!
Il est très-influent, allez, il a au moins 20,000 li-
vres de rente, ce serait à faire crever de jalousie
toutes ces dames. — Aimez-le!

— Comment, ma toute belle, jolie comme vous
êtes, pleine d'avenir, on vous laisse au dernier rang,
lundi vous aurez un joli petit article, je vous le
promets, si.... — Si? — Allons, ne faites pas la
niaise, aimez-moi!

— Voulez-vous un succès dira le chef de claque;
voulez-vous être bien coiffée, dira le coiffeur, bien

soufflée, dira le souffleur, bien accompagnée, dira
le chef d'orchestre. — Aimez-moi, ou aimez quelqu'un qui vous donne l'argent nécessaire pour obtenir ma bienveillance.

Comment, en effet, voulez-vous confier un rôle
à une femme qui n'a pas de toilette! Et quel ridicule de jouer à la vertu!

Tout cela est bien répugnant n'est-ce pas, et cependant cela est, tel que je vous le raconte et pis
peut-être, parce que je ne puis me servir ici des expressions grossières et crues qui habituent vite l'esprit à tous les secrets du métier de courtisane.

Résistez, résistez longtemps et vous resterez
chargée des rôles muets, et tout le monde rira de
vous, et un beau jour on vous remettra dans votre
petite chambre d'ouvrière que vous n'auriez pas dû
quitter; seulement vous ne retrouverez plus votre
ignorance et votre illusion.

Ce progrès du mal vient de l'admission au théâtre des hautes célébrités galantes.

Vous criez bien à l'infamie du siècle! Au progrès
des dames aux Camélias? Au dévergondage public
et éhonté de MM. *** nos modernes Don Juan, qui
s'affichent avec ce qu'il y a de moins avouable
parmi toutes ces dames?

Eh! bien (laissant de côté les Madeleines qui
deviennent comtesses), voyez pourtant quand M. ***

est las d'avoir roulé dans les équipages donnés par
M. X. à Mlle E. Où va cette sultane répudiée? La
retrouvez-vous comme ces dames passées de mode
de Gavarni? Que nenni! vous la retrouverez sur
les planches d'un théâtre, et, de ce moment, la
voilà plus en faveur que jamais? Est-ce qu'elle
vous a subitement découvert un talent d'actrice
qui dormait dans vos soupers, messieurs de la Mai-
son- d'Or? Point! elle vous a découvert, aux reflets
de la rampe, des beautés que le fard et tant d'autres choses remettent à neuf; sans compter la hauteur du piédestal où vous regardez comme un honneur de grimper près d'elle.

Eh bien! si l'on disait à ces actrices, invalides
de soupers, où est votre talent? Quelles études
théâtrales avez-vous faites? Savez-vous ce qu'elles
vous répondraient à vous, monsieur le Directeur,
« Très-cher, je suis jolie et je ne vous demande
point d'appointements!... (Il y a même un temps
et un théâtre où elles auraient répondu, je vous
donnerai les appointements que me feront vos stalles d'orchestre, mais respect aux cendres!). Et ce
discours aurait un succès immédiat..... Je n'ai pas
besoin de recourir aux preuves, n'est-ce pas?

Ce n'est pas que je trouve la beauté un défaut chez
les actrices! Mais je désire que le talent, ou du
moins une étude véritable de l'art, accompagne la

blancheur de la peau, la finesse de la jambe, etc.
Je voudrais que les dames aux Camélias lais-
sassent la scène aux actrices, à celles qui étudient
et travaillent, comme celles-ci leurs laisseraient ces
voitures et ces chevaux qui se gagnent rarement
avec du travail et du talent.....

. N'est-il pas honteux, en effet, que les appointements donnés aux actrices (à moins qu'elles n'aient
une réputation tellement supérieure, qu'elle s'impose et commande au Directeur, devenu dès lors
leur très-humble valet) soient non-seulement peu
en harmonie avec les peines, les travaux, les en-
nuis, les fatigues qu'elles ont à supporter (sans
parler de la santé!), mais encore ne puissent suffire
à la nourriture matérielle!

Oui, je le sais, une actrice qui commence ne peut
être payée comme une artiste qui a longtemps
rendu service à l'administration; mais, économie
à part, croyez-vous que ces artistes n'occuperaient
pas mieux les places secondaires que ces dames dont
nous parlions plus haut, et cependant, avouez-le,
vous n'hésitez pas entre elles! C'est une si belle
chose que l'argent qu'on ne dépense pas.

Mais, messieurs les Directeurs, si vous ne voulez
pas jeter forcément les débutantes dans cette vie
que vous méprisez tant, et que vous faites si justement flétrir par les auteurs de votre scène, don-

5

nez-leur de quoi suffire à leur vie, et si vous ne détruisez pas la dépravation, du moins vous n'en serez pas le premier instrument.

Les faits matériels parleront mieux que moi.

Voulez-vous faire un petit compte ensemble? Eh bien, prenons le rang le plus élevé de vos appointements inférieurs, et voyons ce qu'il en reste à l'artiste !

Vous lui accordez 1,500 fr. (et, entre nous, c'est une rareté; enfin, admettons ce chiffre), mais ce que vous donnez d'une main, vous le reprenez de l'autre. Sur ces 1,500 fr., il faut qu'elle paye ses toilettes; beaucoup de dames vous diront que, pour les toilettes de ville, c'est déjà bien peu, jugez alors, mesdames, de la dépense qu'il lui faut faire, si, par malheur, l'actrice a dans son année trois rôles en toilette de bal ou de duchesse, etc., estimons ces dépenses à 1,800 fr. seulement, parce qu'il faut déduire les rôles de caractère, où les costumes sont fournis, rarement mettables, cela est vrai, mais enfin ils sont fournis. Est-ce tout? —Et le blanc! et le rouge! et le coiffeur! et l'habilleuse! et la blanchisseuse! et les claqueurs! et les lampistes! et l'entretien de la loge! et les étrennes à tous les employés! et Dieu sait quel en est le nombre! Enfin, pour faire un compte rond, portons le tout au plus juste prix à 2,000 fr., y compris les 1,800 fr.

dont nous parlions plus haut, j'espère que je suis raisonnable.

Ainsi, en ne mangeant pas, en ne se logeant pas, en allant dans le costume d'Adam et d'Eve, ce qui est peu permis dans notre bonne ville de Paris, il reste à l'actrice, pour ses uniques dépenses de théâtre, une différence en moins de 500 fr. sur les appointements qu'on lui donne! Or il faut les trouver ces 500 fr.; en dehors de la scène, il faut vivre! Et puis, venez crier au scandale contre ces femmes de théâtre qui ruinent la belle jeunesse de Gand!

A qui la honte?

Savez-vous bien qu'avec de pareilles choses, admises et passées en usage, vous n'avez pas le droit, vous monsieur le philanthrope, ni vous madame, qui cependant êtes toute vertueuse, de jeter l'opprobre à la figure de ces dames qui ruinent vos maris et vos fils! non, vous n'en avez pas le droit jusqu'à ce que vous ayez fait sentir avec nous que ces femmes qui, elles aussi, auraient pu rester vertueuses, doivent être placées dans une position qui leur permette de vivre, mais de vivre vraiment de leur vrai travail d'artistes; et alors, si elles sortent de la bonne voie..., oh! alors il y a du vice là-dessous, frappez ferme, vous en avez le droit; mais jusque-là, baissons le nez, nous sommes coupables.

Les actrices aujourd'hui, si elles sont toutes les mêmes, n'en forment pas moins trois classes bien distinctes :

1° Celles qui ont eu un instant l'amour de l'art et se sont perdues pour leur art : elles lui ont tout sacrifié, et la plupart du temps il a été ingrat envers elles. Celles-là finissent généralement leur vie en province, malheureuses et oubliées.

2° Celles qui se sont mises au théâtre pour arriver à une position de fortune élevée, elles ont compté que leur jeunesse durerait tant, qu'elle rapporterait tant, et comme elles n'ont pas de cœur, et n'ont jamais fait pour leur théâtre que des dépenses de toilettes dont l'orchestre leur soldait les intérêts au centuple, elles se retirent avec châteaux, rentes sur l'Etat, se marient ou deviennent bigottes.

3° Enfin la dernière classe est celle des lorettes vieillies qui jettent leur dernier éclat sur la scène, se cramponnent le plus longtemps possible aux niais qui se laissent prendre à leur position, jusqu'à ce qu'un beau jour elles vieillissent à ce point que leur Directeur ne peut plus les utiliser, les rend aux bals publics, qui les rendent aux loges de portières ou aux bureaux des cannes et parapluies.

Au milieu de tout cela, on trouve quelques rares actrices qui, à force de jouer, finissent par trouver un genre qui leur convient, alors l'amour de l'art leur vient au cœur, elles travaillent et arrivent à une certaine célébrité qu'elles auraient pu obtenir à l'époque de leur beauté, si elles avaient eu le temps de lire dans leur intelligence.

Il n'y a donc pas d'actrices aujourd'hui?

Vous m'en nommerez certainement beaucoup qui, sans avoir un talent hors ligne, sont cependant dignes de leurs rôles et de nos applaudissements; mais fixons-en le nombre à trente, vous n'en trouverez pas deux qui se soient formées depuis dix ans, vous ne m'en montrerez pas une qui inspire les auteurs, et si vous regardez toute la jeunesse débutante, vous ne découvrez pas une de ces étoiles qui promettent une révolution artistique.

Tant que le théâtre sera le domaine de la débauche et non celui de l'art, tant que la célébrité dorée par le vice primera le talent, il n'y aura pas de régénération possible, et il y a un tel monde de vices à remuer pour atteindre à un résultat convenable, que je comprends qu'on hésite et qu'on recule devant une tâche qu'on ne sait comment entreprendre. Les racines du mal se dispersent de tant de côtés, que c'est toute une révolution sociale à opérer : elle se fera petit à petit; mais Dieu sait si, tout jeunes que nous sommes, il nous sera donné de voir ce grand changement.

Que l'art se relève d'abord, c'est là le grand
point; son amour ne se partage pas, et bien des
femmes lui sacrifieront facilement le mauvais côté
de la position d'actrices, car il y a encore plus de
cœur qu'on ne croit chez beaucoup d'entre elles :
le tout est de savoir lui parler et de le faire parler.

VI

L'ACTEUR.

L'amour-propre personnifié. — Vous ne rencontrerez pas un acteur muet, un porteur de lettres
du plus petit théâtre, qui ne se reconnaisse un immense talent. S'il ne remplit pas les premiers rôles,
c'est que le Directeur inintelligent le méconnaît;
s'il est le premier du théâtre, il est inabordable,
distribue à gauche et à droite de petits saluts et
prend au sérieux son personnage de roi sur les
planches.

Mais, abstraction faite de ce petit défaut, c'est
chez l'acteur que le culte de l'art a été le mieux

6

conservé : il étudie encore sérieusement, et les talents sont moins rares chez les hommes que chez
les femmes.

Les acteurs font le désespoir des auteurs quand
ils ont un peu de célébrité; je connais des théâtres
où ils taillent et rognent dans les pièces pour les
mieux approprier à leur nature; ils mettent eux-
mêmes en scène afin de conserver leurs effets et de
détruire ceux de leurs camarades; ils imposent
leurs volontés à tous, auteurs, acteurs, Directeurs,
et tout cède.... Que deviendrait-on, mon Dieu!
s'ils ne jouaient pas? Ce qu'on deviendrait? On
chercherait et l'on découvrirait des gens de talent
qui se perdent dans les rôles inférieurs jusqu'à ce
que le hasard en dispose autrement. C'est un grand
tort de laisser prendre une telle importance à un
acteur, parce qu'il ne progresse plus, puisque l'é-
mulation n'existe pas pour lui, qu'il ne croit pas
possible de trouver quelqu'un de supérieur à lui,
et a en mains le pouvoir d'étouffer tout concurrent
sérieux.

Qu'on lui pardonne, à lui, cette confiance illimi-
tée en lui-même, cela se comprend; il lui a fallu
tant de temps, de peines, de souffrances, d'humi-
liations pour atteindre à ce but, qu'il lui est permis
de se venger dans le présent et d'exhaler enfin
cette rage qu'il a amassée dans le passé; mais il

faut du moins lui résister quand la raison le veut, et ne pas marcher lâchement à la remorque d'un homme que l'on saluait à peine hier et que l'on ne regardera plus demain si la moindre circonstance lui fait perdre son pouvoir du moment. Cela rappetisse tout le monde, et le talent se doit un respect mutuel.

L'acteur arrivé a une cour composée d'auteurs débutants ou célèbres ; les premiers le suivent partout, lui tirent de grands coups de chapeau, le consultent sur l'œuvre qu'ils ont en chantier, implorent sa protection et tâchent d'acheter ses bonnes grâces en lui offrant des dîners que l'acteur arrivé refuse noblement ; il renvoie les auteurs débutants aux acteurs inférieurs, qui s'en composent une cour secondaire, et ne frayent qu'avec les auteurs dont ils espèrent de bons rôles, ils échangent avec eux un léger coup de chapeau, daignent les autoriser à rire de leurs bons mots (car tous les artistes influents ont beaucoup d'esprit), et leur font des observations sur les manuscrits que l'on confie à leur haute appréciation. Ils aiment beaucoup à lire les manuscrits, parce qu'ils taillent et rognent tous les rôles de manière à ne laisser d'importance et d'effets qu'aux leurs.

Ils ont surtout la rage d'être des gens à bonne fortune, et ils imposent leur amour à ces pauvres

filles qui veulent à tout prix sortir de la foule des
actrices. Ces mariages sont très-communs, et ils
est rare que les générosités du duc *** ne servent
pas un peu à assurer une existence tranquille au
ménage de la première coquette X. avec le comique
un Tel. Malheur à celle qui résiste! l'acteur arrivé
emploiera toute son influence à l'empêcher de sortir des *panes*, et dans les répétitions il trouveva
toujours l'occasion de la mettre en faute ou de la
rendre ridicule.

Mais pour arriver à ce terrible pouvoir, combien
l'acteur a souffert, et par quelle misère il a passé;
si vous saviez avec quels appointements il a été
forcé de vivre; car lui aussi est obligé, au théâtre,
à payer ses toilettes, et bien souvent sa position
dépend du plus ou moins de luxe qu'il peut ré-
pandre dans sa tenue. A quel prix achète-t-il ce
luxe? Que de privations! quelle affreuse et continuelle souffrance dans la vie matérielle! Que de
fois j'en ai vu jouer qui n'avaient pas encore dîné
et ne devaient pas dîner le soir; et comment voulez-vous que, dans une pareille situation, on s'in-
téresse beaucoup à son art? on pense bien plutôt à
trouver les moyens de faire une bonne connaissance dans les auteurs amateurs et riches.

C'est chose triste à voir de près que la vie de
l'artiste, si misérablement commencée, si heureuse

quelquefois pendant plusieurs années, et redeve-
nant si malheureuse à la fin de la carrière; les acteurs n'ont pas les moyens d'assurer leur avenir
comme les courtisanes des coulisses, et le plus
beau talent ne leur rapporte jamais ce que ces dames obtiennent avec leur beauté. Je vous promets
qu'il y a à faire, surtout pour les artistes hommes,
d'autant plus à faire, qu'à part de petits vices, de
petits défauts, la grande majorité vit honnête,
d'une honnêteté remarquable; et cela n'est pas si
facile qu'on peut le croire dans une situation qui
montre un avenir toujours noir et triste.

Non vous n'aurez pas de talents sublimes tant
que vous n'assurerez pas le sort des artistes qui
travaillent, que vous ne leur procurerez pas cette
indépendance des choses matérielles qui permet de
se donner tout entier à l'art, et vous n'obtiendrez
jamais ce résultat tant que l'on trouvera à côté
d'appointements exorbitants, fous, des appointements insuffisants et ridicules : ôtez un peu ici,
mettez un peu là, vous verrez ce que vous gagne-
rez en célébrités et en études sérieuses.

La condition d'acteur est, à mon avis, la plus
triste et la plus malheureuse qu'il soit donnée à un
homme de rencontrer.

VII

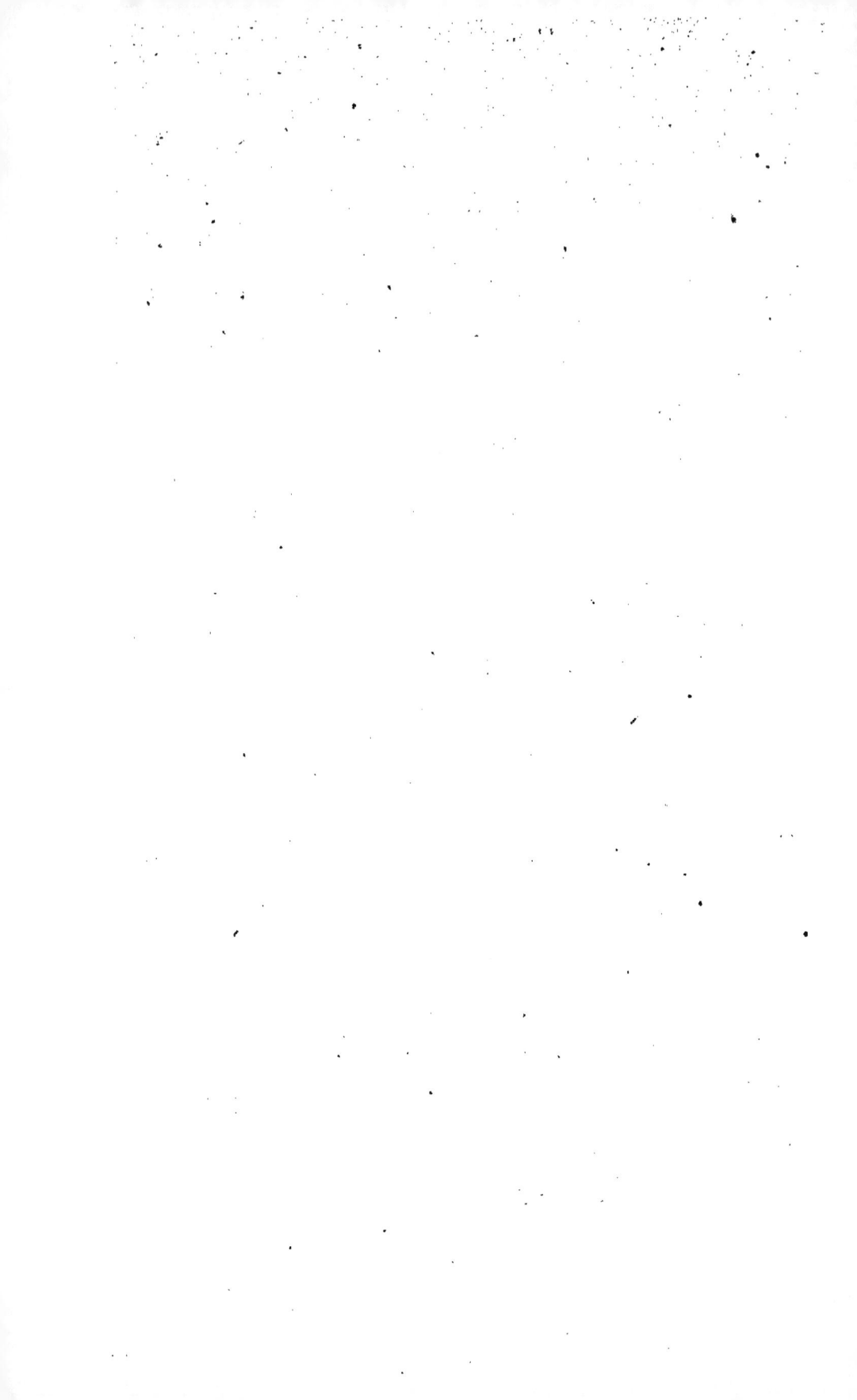

LA CONCIERGE.—L'OUVREUSE.—L'AMOUREUX DE CES DAMES.

J'ai dit la concierge avec intention, car vous ne rencontrerez que rarement un homme en possession du cordon de ce paradis perdu. Pourquoi cette prédilection pour la gent féminine? — Si vous saviez en quoi consiste le métier de concierge du théâtre, vous comprendriez que la finesse et l'intelligence rusée qu'on se plaît à reconnaître à la femme sont les principales qualités nécessaires à cet emploi.

Ici, plus que jamais, j'ouvre une parenthèse

pour ne pas m'attirer la haine des concierges de théâtre, ce qui me rendrait impossible mon métier de critique et m'exposerait à la *vendetta* la plus terrible. Je ne fais aucun portrait, si quelqu'un se reconnaît, qu'il ne le dise pas à son voisin, il se trompe à coup sûr.

Dans un trou généralement enfumé et aussi étroit que celui du souffleur, se tient une famille d'enfants, de chiens, de serins, etc., car, comme toutes les concierges, celle du théâtre adore les animaux.

Assise devant un fourneau en terre qu'elle surveille tout en recousant le costume de son mari, qui est généralement choriste, la déesse du lieu crie après ses enfants, après son chien, après tout, pour entretenir sur son visage cette mauvaise humeur qui est le caractère habituel de sa physionomie. Elle professe un profond mépris pour toutes les actrices en général et leurs amoureux en particulier; ce qui ne l'empêche pas de faire à ces dames de profonds saluts, parce qu'elles lui font faire des commissions, lui achètent une foule de petites inutilités, prennent des billets à toutes les loteries qu'elle invente, ne refusent jamais une belle occasion en robes ou en costumes, et payent largement pour la plupart.

C'est à la fin du spectacle que la concierge du

théâtre trône dans toute sa gloire; c'est l'heure où
les Don Juan de l'orchestre s'avancent timidement
le chapeau d'une main, un louis de l'autre, et de-
mandent l'adresse de l'actrice qu'ils convoitent. Les
règlements étant formels, la concierge se renfro-
gne et refuse net... si le louis ne se présente pas le
premier. Du reste la somme varie suivant l'importance des théâtres, ou la célébrité de l'actrice. Se-
lon la générosité de l'amoureux, elle refuse ou elle
consent à porter les billets doux dans les loges et
à en rapporter les réponses; son coup d'œil ne la
trompe pas, et elle donne des renseignements im-
médiats sur la richesse probable du soupirant. Vous
voyez qu'il est important de plaire si vous voulez
obtenir une réponse favorable. Autrefois l'ouvreuse
était chargée de ce petit service postal; mais la
concierge n'a pas voulu d'une telle concurrence,
elle s'est fait un monopole de cette mine d'or et a
relégué l'ouvreuse dans ses petits bancs et dans
ses programmes. L'ouvreuse n'est plus rien qu'une
femme généralement peu heureuse et rarement an-
cienne actrice, comme au temps où sa connaissance
des coulisses la faisait rechercher des beaux de
l'orchestre.

Franchement, n'est-il pas honteux de voir de
pareils métiers s'exercer au su de tous, et cela sans
que personne s'en étonne, sans que la femme qui

le fait en rougisse; elle n'y voit pas le moindre
mal, élève très-bien ses enfants et dote convena-
blement ses filles; c'est une honnête femme, qui
méprise de tout son cœur les houris de ce sérail
qu'elle dessert, elle se moque des sots qui viennent
y fondre leur fortune, elle n'a pas assez de dégoût
pour cette débauche et cette immoralité des coulisses, mais elle en vit très-franchement, et c'est
pour elle que Vespasien a dit : *L'argent sent toujours bon* !

L'amoureux de ces dames a de vingt à soixante
ans, mais il n'est plus aussi généreux ni aussi riche
que par le passé; aussi une pauvre actrice arrive-
t-elle à grand'peine à se faire, avec trois ou quatre
cavaliers-servants, le capital qu'elle amassait autrefois avec un seul amoureux. L'idée fixe de l'a-
moureux de ces dames, c'est d'être en titre et d'entendre dire autour de lui : C'est l'amant de X. — Il
faut faire un stage assez long pour arriver à ce
résultat, à moins que l'on ait une fortune de premier ordre. Quand un des quatre heureux perd sa
position près de la femme aimée, celui qui le suit
prend immédiatement sa place, et ainsi de suite
jusqu'à renouvellement complet de la cour.

Ce que veut l'amant de ces dames, c'est obtenir
une célébrité à l'abri de celle de l'actrice; il prend
son nom, au lieu de lui donner le sien, comme

autrefois; il va dans sa voiture, au lieu de sortir dans la sienne; bref, ce n'est plus lui qui a une maîtresse, c'est la femme qui a un amant.

Tous les soirs où Mme joue il est là; à la sortie du théâtre il est là; aux premières représentations des autres théâtres il est là avec elle; aux courses il est là aussi : c'est un métier très-fatigant, mais qui pose admirablement un jeune homme, seulement cela dure peu, comme l'argent qu'il possède, et disons que cette position qu'occupaient autrefois comtes et marquis est échue aujourd'hui aux boursiers et aux commerçants, parce que le soleil qu'on nomme fortune ne se lève guère plus que de ce côté-là. — Arrêtons-nous et ne fouillons pas plus avant dans ces existences, qui ne touchent que par un coin au théâtre.

Tout cela est bien triste, n'est-ce pas? pour ne pas dire répugnant, et j'ai presque honte de vous avoir promené dans ces basses-fosses du monde dramatique; mais quand l'artiste ne fait pas oublier la femme, quand on sacrifie son talent à une fortune à acquérir Dieu sait comment, le vice paraît deux fois plus honteux, deux fois plus méprisable, et je ne vois pas pourquoi on n'essayerait pas de relever la morale au bénéfice de l'art comme de la société. Certes je n'ai ni la prétention, ni l'espoir, d'avoir produit un revirement dans les goûts et les habitudes du théâtre, mais que chaque critique, grand ou petit, soulève à son tour le rideau des coulisses, qu'il montre à tout ce monde ce qu'il est et ce qu'il fait, qu'il mette en opposition continuelle l'art et les vices qui s'abritent sous son nom, là honte viendra peut-être, et quand on rougira sous son fard, l'avenir sera sauvé et le talent des auteurs à naître fera le reste, si l'argent veut bien aussi se mettre au niveau des progrès dus à l'intelligence.

FIN.

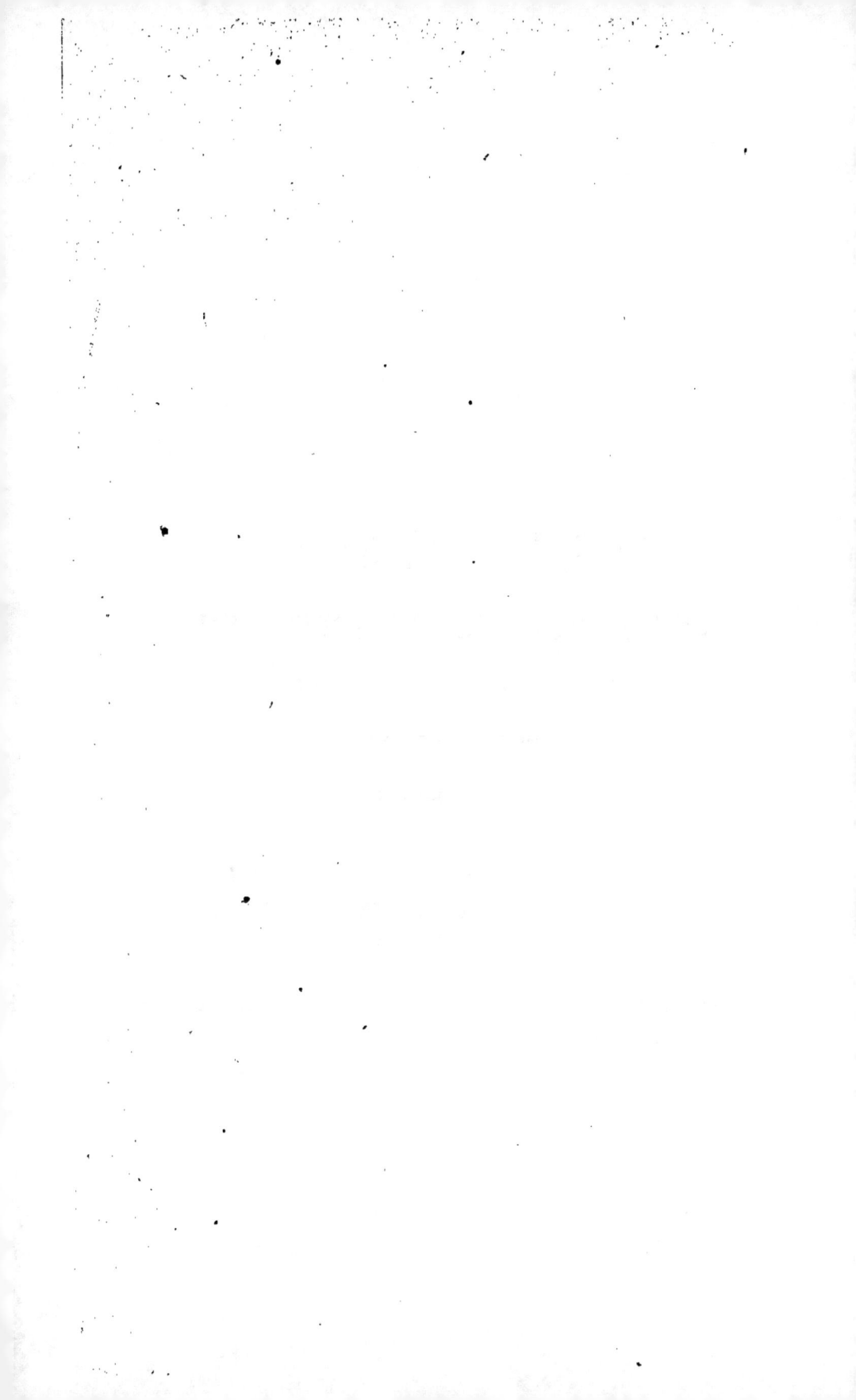

LA

PRESSE THÉATRALE

REVUE ARTISTIQUE ET LITTÉRAIRE

PARAISSANT TOUS LES DIMANCHES.

Prix de l'abonnement :

	Paris.	Départ.	Étranger.
Un an.	20 fr.	24 fr.	28 fr.
Six mois	10 fr.	12 fr.	14 fr.
Trois mois.	5 fr.	6 fr.	8 fr.

S'adresser (franco) à Paris, à M. Jules Goislard, rue de
Valois, 27, Palais-Royal.

Paris.— Imp. Cosson, rue du Four-Saint-Germain, 43.